CATALOGUE

DE

36 TABLEAUX ANCIENS

PARMI LESQUELS UNE ŒUVRE IMPORTANTE

Par MELCHIOR HONDEKOETER

OBJETS D'ART ET DE CURIOSITÉ

Charmante Statuette en marbre, par FALCONET

BRONZES FLORENTINS & FRANÇAIS

Porcelaines de Sèvres, de Saxe, de la Chine & du Japon,

MOBILIER EN ACAJOU, LINGE DAMASSÉ

Garde-Robe de Femme

NOMBREUSE ARGENTERIE, PLAQUÉ, BIJOUX, LIVRES

DONT LA VENTE AURA LIEU

PAR SUITE DU DÉCÈS DE Mme D'A***

HOTEL DROUOT, SALLE N° 2

AU PREMIER ÉTAGE

Les Mercredi 4, Jeudi 5, Vendredi 6 et Samedi 7 Avril 1866,

A UNE HEURE ET DEMIE

Par le ministère de Me **HENRI LECHAT**, Commissaire-Priseur,
rue du Faubourg-Poissonnière, 62 ;
Assisté de M. **FEBVRE**, Expert, rue Laffitte, 12,
Chez lesquels se distribue la Catalogue.

EXPOSITION PUBLIQUE

Le Mardi 3 Avril 1866, de une heure à cinq heures.

PARIS — 1866

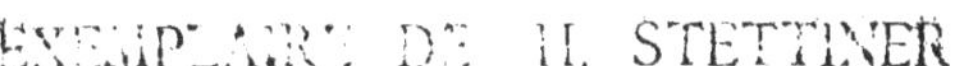

RENOU ET MAULDE

IMPRIMEURS DE LA COMPAGNIE DES COMMISSAIRES PRISEURS

Rue de Rivoli, 144.

CATALOGUE

DE

36 TABLEAUX ANCIENS

PARMI LESQUELS UNE ŒUVRE IMPORTANTE

Par MELCHIOR HONDEKOETER

OBJETS D'ART ET DE CURIOSITÉ

Charmante Statuette en marbre, par FALCONET

BRONZES FLORENTINS & FRANÇAIS

Porcelaines de Sèvres, de Saxe, de la Chine & du Japon,

MOBILIER EN ACAJOU, LINGE DAMASSÉ

Garde-Robe de Femme

NOMBREUSE ARGENTERIE, PLAQUÉ, BIJOUX, LIVRES

DONT LA VENTE AURA LIEU

PAR SUITE DU DÉCÈS DE Mme D'A***

HOTEL DROUOT, SALLE N° 2

AU PREMIER ÉTAGE

Les Mercredi 4, Jeudi 5, Vendredi 6 et Samedi 7 Avril 1866,

A UNE HEURE ET DEMIE

Par le ministère de Me **HENRI LECHAT**, Commissaire-Priseur,
rue du Faubourg-Poissonnière, 62 ;

Assisté de M. **FEBVRE**, Expert, rue Laffitte, 12,

Chez lesquels se distribue la Catalogue.

EXPOSITION PUBLIQUE

Le Mardi 3 Avril 1866, de une heure à cinq heures.

PARIS — 1866

CONDITIONS DE LA VENTE

Elle aura lieu expressément au comptant.

Les adjudicataires auront à payer CINQ CENTIMES par franc en sus des enchères.

ORDRE DES VACATIONS

Le Mercredi 4. — Partie des Porcelaines, les Tableaux, les Statuettes, les Bronzes.

Le Jeudi 5. — Suite des Porcelaines, Objets divers, le Plaqué, l'Argenterie et les Bijoux.

Le Vendredi 6. — La Batterie de cuisine, les Livres, la Garde-Robe.

Le Samedi 7. — Le Linge et les Meubles.

DÉSIGNATION

DES

TABLEAUX

BEAUMANN (D.)

1 — Petite Fille à une croisée, tenant des fleurs.

BERRÉ (Signé)

2 — Paysage avec figures et animaux.

BILCOQ (Attribué à)

3 — Danse villageoise.

BOILLY

4 — Fleurs et Oiseau mort.
   Signé en toutes lettres.

BOONER (E.)

5 — Jeune Dame hollandaise, assise près d'une table et déjeunant.

Signé.

CARRACHE (Annibal)

6 — Saint Jean écrivant ses évangiles.

CIGNANI (Carlo)

7 -- Le Sommeil de l'Enfant Jésus.

DE KRAUX (Jeodé)

8 — Villageois dans un intérieur prenant leur repas.

DEVRIES

9 — Canal hollandais et Chaumière entourée d'arbres.

DOW (G.) Signé

10 — Anachorète assis dans une grotte.

DROUAIS

11 — Portrait en buste d'un petit garçon tenant un épagneul.

Charmante production du maître.

DYCK (J.)

12 — Réunion de dames et de gentilshommes.

A gauche, un personnage assis offre à boire à une femme à laquelle
il presse la main ; un autre joue aux échecs avec une femme ; près de
ces derniers, trois autres personnages.

FRANCKEN (F.)

13 — L'Adoration des Bergers.

GÉRARD (le Baron)

14 — Napoléon Ier dans son cabinet.

GROSLIER (Mme de), élève de VAN SPAENDONCK

**15 — Pêches, Raisins et Nid d'oiseau, sur une table de
marbre.**

HONDEKOETER (MELCHIOR)

16 — Oiseaux de basse-cour effrayés par un king-charles.

Œuvre capitale de la plus belle qualité du maître. Signé à droite
sur une pierre : M. Hondekoeter.

HUYSUM (JEAN VAN)

17 — Fruits sur une table de pierre.

Belle signature.

KOBELL (J.) Signé

18 — Pâturage hollandais.

Deux vaches au repos; deux autres buvant sur le bord d'une rivière.

LAAR (Pierre de), dit BAMBOCHE

19 — Paysan italien donnant à manger à son cheval.

LAIRESSE (Gérard de)

20 — Vieillard prédisant l'avenir à une jeune fille entourée de ses compagnes.

LONGHIS

21 — Paysans flamands fêtant le carnaval.

LENZEN, d'après OMMEGANCK

22 — Jeune Femme et Villageois gardant des moutons; paysage boisé, soleil couchant.

L'original de ce tableau figure au musée de Bruxelles. Lenzen fut l'élève et le meilleur imitateur d'Ommeganck; il fit souvent la reproduction de ce tableau; on retrouve toujours ces reproductions, signées : Ommeganck, comme l'est celle-ci.

MUSCHER

23 — Villageoise consultant un alchimiste.

METZU (Gabriel Attribué à)

24 — Jeune Dame hollandaise assise se versant à boire.

MIGNARD (PIERRE)

25 — Dame de la Cour de Louis XIV.

SANTERRE

26 — Jeune Femme vue en buste, se regardant dans un miroir.

SAUVAGE

27 — Honneurs rendus à Minerve.

Imitation de bas-reliefs en bronze; peinture sur porcelaine blanche.

28 — Pendant du précédent : Bacchus enfant et des petits bacchants.

STELLA (J.), d'après RAPHAEL

29 — L'Ecole d'Athènes.

SWÉBACK (DESFONTAINES)

30 — Petit Paysage avec cavalier et chariot.

31 — Deux autres Paysages animés de figures. 1792.

TASSI

32 — Port de mer italien, soleil couchant.

TÉNIERS (DAVID)

33 — Les Singes à l'estaminet.

Signé en toutes lettres.

ANCIENNE ÉCOLE ITALIENNE

34 — Saint François et des Anges adorant la Vierge et Jésus:

ÉCOLE ALLEMANDE

35 — Cérès à la recherche de sa fille Proserpine.

36 — Plusieurs fixés, paysages et autres.

OBJETS DE CURIOSITÉ

Marbres sculptés.

37 — Charmante Statuette en marbre blanc, par Falconet.
Jeune fille presque nue tenant des fleurs.

> Hauteur : 61 centimètres.

38 — Statuette d'enfant debout.

> Hauteur : 52 centimètres.

Bronzes d'art.

39 — Vielleur, statuette, bronze florentin.

40 — Portefaix, statuette, id.

41 — Villageois appuyé sur son bâton, id.

42 — Deux Vases en bronze et bronze doré, travail de l'époque de l'Empire, socles en vert de mer.

43 — Deux Buires en bronze et bronze doré, même époque

44 — Deux Candélabres, même genre que les précédents.

45 — Deux Buires en bronze de l'époque de l'Empire, socles avec bas-reliefs de jeux d'enfants.

Meubles, Pendules, Bronzes dorés.

46 — Beau Guéridon en bois d'acajou orné de bronzes ; le dessus, de forme ronde, est en glace avec peintures italiennes, groupes d'enfants et ornements.

47 — Table de l'époque de l'Empire, le pied en bronze doré, le dessus rectangulaire avec marbre incrusté de mosaïques.

48 — Charmante petite Pendule et son socle en marqueterie, de l'époque de Louis XIV.

49 — Belle Galerie de foyer en bronze doré, travail de l'époque de Louis XV. Cette pièce que nous croyons unique est contournée et à jour, elle est reliée par des ornements à rinceaux.

50 — Deux très-beaux Flambeaux de l'époque de Louis XIV. — Femmes ; — Hermès ; soutenant les lumières, bronzes très-finement ciselés.

51 — Deux Girandoles rocaille, en bronze doré, à quatre lumières, supportées par des figures de femmes et d'enfants.

52 — Deux autres, même genre que les précédents.

53 — Deux Chenets de l'époque de Louis XVI, avec vases et guirlandes de fleurs.

54 — Porte-Pelle et Pincettes, en bronze doré.

55 — Deux petits Flambeaux rocaille, en bronze doré.

56 — Deux autres. plus grands.

57 — Trois belles Appliques, en bronze doré, rocaille, soutenant des candélabres à trois lumières.

58 — Pelle et Pincettes en bronze, de l'époque de Louis XV.

Porcelaines de Sèvres, de Chine, du Japon, de Saxe et autres.

59 — Deux Vases à six pans, en porcelaine céladonée, avec décor de fleurs émaillées.

60 — Plats, Assiettes, Bols, Coupes, Tasses, Soupières et autres pièces en porcelaine de la Chine et du Japon. Environ soixante pièces. (Seront divisées.)

61 — Groupes anciens en porcelaine de Saxe.

62 — Coupe montée en bronze et autres pièces en porcelaine de Sèvres, pâte tendre.

63 — Déjeuner en porcelaine de Frankenthal et autres.

64 — Deux Vases en ancien Chine, fond bleu lavé, avec médaillons de fleurs émaillées , anciennes montures en bronze doré.

Objets divers.

65 — Quatre Figurines en ivoire sculpté : les Quatre Saisons.

66 — Petit Cabinet en laque rouge.

67 — Deux Encoignures en bois de Gayac, ornées de bronzes dorés.

68 — Paravent à huit feuilles, en laque noir.

69 — Sous ce numéro, les objets omis.

MOBILIER

Deux Canapés, six Fauteuils en acajou, recouverts en damas de soie cerise.

Deux Fauteuils en palissandre, damas de soie.

Six Chaises laquées recouvertes en damas de soie.

Un Piano à queue en acajou de Broodwood, de Londres.

Deux Lustres en bronze à douze lumières.

Une Armoire acajou, portes pleines.

Un Chiffonnier.

Douze Chaises garnies en velours.

Une Table avec filets, une à volets.

Une grande Vitrine en acajou, à dessus de marbre.

Un Lit en acajou, une Toilette, Chaises, Fauteuils, Tables, etc., etc.

Tapis, Rideaux.

Tapis en moquette et Carpettes de Smyrne.

Rideaux en damas de soie cerise, en mousseline et en damas de laine, cotonnade et perse.

Literie.

Matelas, Couvertures, etc.

Linge.

Environ quarante paires de Draps en toile, grande quantité de Serviettes et Nappes, beaux Services damassés et unis, etc.

Garde-robe.

Nombreuses Robes de soie, Manteaux en velours, Châles en laine, Tartan écossais, Crêpes de Chine, Cachemires de l'Inde, Coupons de soie, quantité de Dentelles noires et blanches, Linge de corps, etc.

Plaqué.

Six Légumiers, quatre Réchauds, une Ménagère, un Porte-liqueurs, cinq grandes Cloches, dix petits Plateaux, quatre Plats, deux grands Plateaux, etc.

Argenterie.

Environ 27 kilogrammes en Poêlon, Plats, Soupières, Vases, Théière, Filtre à café, Plateau, Pelles, Pinces, Cuillers à café, Couverts, Saucières, Flambeaux, Cafetières, Coquilles, Corbeille, Porte-carafes, etc., etc.

Couteaux à manches et à lames d'argent.

Bijoux.

Une Montre en or émaillé avec étoiles et entourage en roses.

Une Chaise longue, un Médaillon, Face-à-main, Cachet, Clef.

Un Camée cerclé d'or.

Deux Bracelets, Broches, Cassolette en or émaillé.

Porte-cartes en argent.

Une Bague montée d'un brillant.

Un Bracelet avec trois émeraudes et deux petits bril-
lants.

Deux autres ornés de huit perles et de trente-deux petits
rubis.

Une Bague émaillée montée d'une opale et de douze bril-
lants.

Bonbonnière en ivoire, Boîtes, Éventails, Coffrets, Couteau,
Carnet en ivoire, etc., etc.

Livres.

Le Diable à Paris, les Galeries d'Europe, les Environs
de Paris, 49 volumes Walter Scott en anglais, et 200 volumes
reliés, la plupart anglais.

Batterie de cuisine, Porcelaine, Verrerie.

Batterie de cuisine en cuivre rouge, fer-blanc et fer
battu.

Porcelaine blanche et décorée.

Compotiers, Coupes, Verres, etc.

Ustensiles de ménage, Casier à bouteilles, Malles, Caisses
et nombreux Objets.

Renou et Maulde, imprimeurs de la Compagnie des Commissaires-Priseurs,
rue de Rivoli, 144.   50832